LELIA CASTELLO
FOTOGRAFIE RICHARD BOUTIN

SUPER EINFACH

KOCHEN MIT 3 - 6 ZUTATEN

HEIßLUFT FRITTEUSE

Librero

Inhalt

FISCH

VOLLSTÄNDIGE GERICHTE

DESSERTS

Bete-Chips

gelbe Bete
x 1

klassische Rote Bete
oder Chioggia
x 1

Olivenöl
½ Teelöffel

Schnittlauch
x 12 Stiele

In 5 Minuten vorbereitet

18 Minuten Kochzeit

Für 4 Personen

- Die Bete schälen und mit dem Gemüseschneider in dünne Scheiben schneiden.
- Gut abtrocknen.
- Mit Öl einpinseln.
- Im Garbehälter bei 150 °C 15 Minuten garen, alle 5 Minuten wenden und dann bei 180 °C weitere 3 Minuten garen.
- Den Schnittlauch fein schneiden und beim Servieren über die Chips streuen.

Pommes Frites mit Kräutern

 **In 10 Minuten vorbereitet**

 **30 Minuten Ruhezeit**
25 Minuten Kochzeit

 **Für 4 Personen**

Kartoffeln Typ Bintje
800 g

Knoblauchzehen
x 2

Kräuter der Provence
2 Teelöffel

Olivenöl
1 Esslöffel

- Die Kartoffeln zu Stiften mit 8 mm Dicke und 6 cm Länge schneiden. 30 Minuten in Wasser einweichen, spülen und gut trocken tupfen.
- Den Knoblauch pressen und mit den Kartoffeln, dem Öl und den Kräutern der Provence vermischen.
- Die Pommes frites 15 Minuten lang bei 160 °C im Garbehälter garen. Wenden und die Temperatur für 10 Minuten auf 180 °C erhöhen, nach der Hälfte der Zeit wenden.

Grüne Tempura

In 5 Minuten vorbereitet

30 Minuten Ruhezeit
8 Minuten Kochzeit

Für 4 Personen

Mehl mit Backpulver
125 g

Maisstärke
50 g

Eiswasser
250 ml

Ei
x 1

Brokkoli
x 1

grüne Bohnen
100 g

- Die Brokkoliröschen klein schneiden, die grünen Bohnen putzen und gut abtrocknen.
- Alle Zutaten für den Teig in einer Schüssel vermischen (außer dem Gemüse) und 30 Minuten ruhen lassen.
- Das Gemüse in den Teig tauchen und dann für 8 Minuten bei 200 °C im Garbehälter garen. Sofort servieren.

Samosas mit Tomate und Käse

In 15 Minuten vorbereitet

15 Minuten Ruhezeit
7 Minuten Kochzeit

Für 4 Personen

Filoteigblätter
x 8

Basilikum
x 12 Blätter

eingelegte Tomaten
100 g

Ziegenkäserolle
x ½

Speiseöl
2 Esslöffel

- Die eingelegten Tomaten und den Käse in Würfel schneiden. Das Basilikum fein schneiden. Das Ganze vermischen.
- Die Filoteigblätter halbieren und beide Teile in der Mitte falten. Einen Esslöffel der Mischung auflegen und zu einem Dreieck falten.
- Mit Öl bepinseln und 15 Minuten kühl stellen.
- Jeweils vier Samosas bei 180 °C 7 Minuten im Garbehälter garen, nach der Hälfte der Zeit wenden.

Rösti aus Süßkartoffeln mit Feta

In 15 Minuten vorbereitet

7 Minuten Kochzeit

Für 4 Personen

Süßkartoffel
250 g

Ei
x 1

Koriander
x 12 Stiele

Mehl
1 Esslöffel

Currypulver
1 Teelöffel

Feta
70 g

- Die Süßkartoffeln schälen und raspeln, den Feta zerkrümeln und den Koriander fein schneiden.
- Süßkartoffeln, Feta, Koriander, das aufgeschlagene Ei, Mehl und Curry in einer Schüssel vermischen.
- Kleine Fladen mit einem Durchmesser von 3 cm formen.
- 7 Minuten lang bei 180 °C im Garbehälter garen.

Falafel

In 15 Minuten vorbereitet

8 Minuten Kochzeit

Für 4 Personen

Kichererbsen
200 g

Knoblauchzehe
x 1

Koriander
x 12 Stiele

Kreuzkümmelpulver
1 Teelöffel

Backpulver
1 Teelöffel

Naturjoghurt
x 1

- Den Knoblauch schälen. Die Kichererbsen abgießen. Alle Zutaten außer dem Joghurt mixen, bis eine körnige Mischung entsteht.
- Bällchen mit ca. 4 cm Durchmesser formen.
- Bei 180 °C 8 Minuten im Garbehälter garen, nach der Hälfte der Zeit wenden.
- Mit dem Joghurt servieren.

7

Hähnchennuggets mit Hafer

In 10 Minuten vorbereitet

15 Minuten Ruhezeit
6 Minuten Kochzeit

Für 4 Personen

Hähnchenfilets
x 2

Mehl
50 g

Haferflocken
50 g

glatte Petersilie
x 12 Stiele

Eier
x 2

grüne Bio-Zitrone
x 1

- Auf 200 °C vorheizen. Das Hähnchen in 4 cm große Stücke schneiden und die Petersilie hacken.
- Das Mehl in eine Schüssel geben, die Eier in einer anderen Schale aufschlagen und Haferflocken, Petersilie und Limettenschale in einem tiefen Teller vermischen.
- Das Huhn im Mehl wenden, dann in den Eiern und in den Haferflocken. 15 Minuten kaltstellen.
- Die Nuggets 6 Minuten bei 200 °C im Garbehälter garen.

Frittierte Frühlingsrollen mit Ziegenkäse und Thunfisch

In 15 Minuten vorbereitet

15 Minuten Ruhezeit
10 Minuten Kochzeit

Für 4 Personen

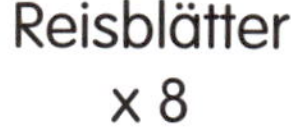

Reisblätter
x 8

Thunfisch in der Dose
180 g, abgetropft

Ziegenfrischkäse
130 g

Koriander
x 12 Stiele

Speiseöl
1 Esslöffel

Karotten
x 2

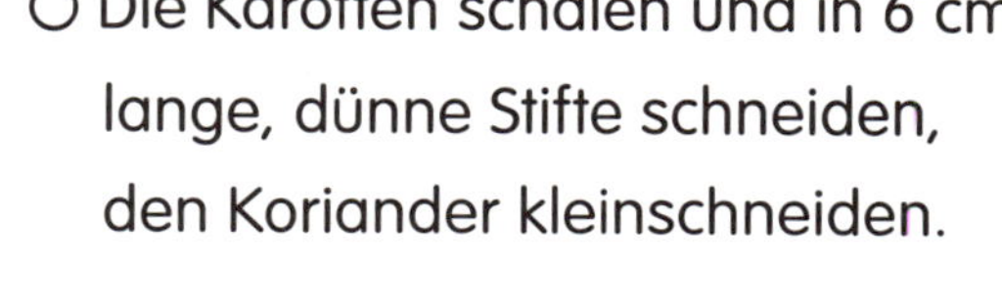

- Die Karotten schälen und in 6 cm lange, dünne Stifte schneiden, den Koriander kleinschneiden.
- In einer Schüssel den Thunfisch, den zerkrümelten Ziegenkäse und den gehackten Koriander vermischen.
- Einen Esslöffel der Mischung in die Mitte des Reisblatts legen, dazu 5 Karottenstifte. Die Frühlingsrollen formen. Mit Öl bepinseln und 15 Minuten kühl ruhen lassen.
- Jeweils 6 Frühlingsrollen 10 Minuten lang bei 180 °C im Garbehälter garen. Nach der Hälfte der Garzeit wenden.

Käsekroketten

In 10 Minuten vorbereitet

15 Minuten Ruhezeit
6 Minuten Kochzeit

Für 4 Personen

Ziegenfrischkäse
200 g

Estragon
x 12 Stiele

flüssiger Honig
2 Esslöffel

Ei
x 1

Mehl
40 g

Panko-Paniermehl
40 g

- Den Estragon fein schneiden, mit dem Käse und einem Esslöffel Honig vermischen. Bällchen mit ca. 4 cm Durchmesser formen.
- Das Mehl in eine Schüssel geben, das Ei in einer anderen Schale aufschlagen und das Panko in einen tiefen Teller geben.
- Die Bällchen im Mehl wenden, dann in den Eiern und im Panko. 15 Minuten kaltstellen. 6 Minuten lang bei 200 °C im Garbehälter garen.

Kartoffeln mit Knoblauch und Parmesan

In 10 Minuten vorbereitet

15 Minuten Kochzeit

Für 4 Personen

Kartoffeln
600 g, mittelgroß, festkochend

Olivenöl
1 Esslöffel

Knoblauchzehen
x 2

italienische Gewürzmischung
2 Teelöffel

Parmesan
100 g, gerieben

Petersilie
x 12 Stiele

- ○ Die Kartoffeln ungeschält vierteln. Mit Olivenöl einpinseln.
- ○ In einer Schale die zerdrückten Knoblauchzehen die Gewürzmischung und den Parmesan vermischen. Die Kartoffeln mit dieser Mischung bestreichen.
- ○ Bei 180 °C 15 Minuten im Garbehälter garen, nach der Hälfte der Zeit wenden.
- ○ Mit der gehackten Petersilie servieren.

Hähnchenkroketten mit Mais

In 10 Minuten vorbereitet

20 Minuten Ruhezeit
8 Minuten Kochzeit

Für 4 Personen

Hähnchenfilets
x 2

Quinoa
100 g, gekocht, kalt

Ei
x 1

Mais
100 g, abgetropft

Koriander
x 12 Stiele

Sesamsamen
100 g

- Das Hähnchen grob hacken, mit dem Quinoa, dem Mais, dem aufgeschlagenen Ei und dem gehackten Koriander vermischen.
- Bällchen mit ca. 5 cm Durchmesser formen und zu Fladen drücken. Vor dem Backen 20 Minuten kühl stellen und dann in Sesam wälzen.
- 8 Minuten lang bei 200 °C in den Garbehälter geben.

OPINEL
INOX

Spargel mit Parmesan

Spargel
x 12

Eier
x 2

Parmesan
50 g, gerieben

Panko-Paniermehl
80 g

Mehl
50 g

In 5 Minuten vorbereitet

7 Minuten Kochzeit

Für 4 Personen

- Den Spargel unten abschneiden.
- Das Mehl in einen Teller geben, die Eier in einem anderen Teller aufschlagen und den Parmesan und das Panko darin vermischen.
- Den Spargel im Mehl wenden dann in den Eiern und im Panko.
- 7 Minuten lang bei 200 °C im Garbehälter garen.

Fischkroketten

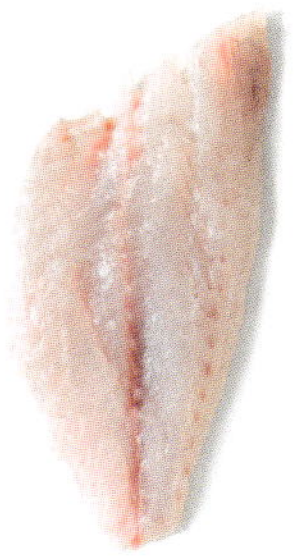

Seelachs
x 2 Filets

Ei
x 1

Paniermehl
120 g

Dill
x 1 Bund

Bio-Zitrone
x ½

In 10 Minuten vorbereitet

20 Minuten Ruhezeit
7 Minuten Kochzeit

Für 4 Personen

- Die Seelachsfilets grob hacken, den Dill fein schneiden.
- Den Fisch, das aufgeschlagene Ei, den Dill und 50 g Paniermehl vermischen. Bällchen mit ca. 4 cm Durchmesser formen. 20 Minuten kaltstellen.
- Die Bällchen noch einmal in dem restlichen Paniermehl wälzen und 7 Minuten bei 200 °C im Garbehälter garen. Nach der Hälfte der Garzeit wenden.
- Mit einem Spritzer Zitronensaft servieren.

Gesalzene Granola

In 5 Minuten vorbereitet

12 Minuten Kochzeit

Für 4 Personen

Körnermischung
250 g

Eiweiß
x 1

Olivenöl
x 1 Filet

grüne Oliven
30 g, ohne Kerne

Garam Massala
1 Teelöffel

- Die Oliven in Scheiben schneiden.
- Alle Zutaten gut vermischen und bei 180 °C 12 Minuten im Garbehälter garen. Nach der Hälfte der Zeit wenden.
- Auf einem Salat oder in einer Suppe servieren.
- In einem luftdicht verschlossenen Behälter 3 Wochen lang haltbar.

Knusprige Kichererbsen

In 5 Minuten vorbereitet

10 Minuten Kochzeit

Für 4 Personen

Kichererbsen
400 g

Paprika
1 Teelöffel

Kümmel
1 Teelöffel

Olivenöl
2 Teelöffel

Petersilie
x 12 Stiele

- Die Kichererbsen abtropfen und trocknen lassen. Mit der Mischung aus Olivenöl, Paprika und Kümmel bestreichen.
- Bei 180 °C 10 Minuten im Garbehälter garen, regelmäßig wenden.
- Mit gehackter Petersilie im Aperitif servieren oder über einen Salat streuen.
- In einem luftdicht verschlossenen Behälter 1 Woche lang haltbar.

Minipizza

Pizzateig
x 1

Tomatensauce
200 g

schwarze Oliven
50 g, ohne Kerne

Mozzarellakugeln
x 12

Basilikum
x 12 Blätter

In 10 Minuten vorbereitet

8 Minuten Kochzeit

Für 4 Personen

- ○ Den Pizzateig ausrollen. Mit einem Ausstecher Scheiben von 5 cm Durchmesser ausschneiden.
- ○ Auf jede Pizza einen Teelöffel Tomatensauce, schwarze Olivenscheiben und eine in zwei Teile geschnittene Mozzarellakugel legen.
- ○ 8 Minuten bei 200 °C im Garbehälter garen.
- ○ Das gehackte Basilikum hinzugeben und servieren.

Blätterteig mit Olivenpaste

In 5 Minuten vorbereitet

1 Stunde Ruhezeit
10 Minuten Kochzeit

Für 4 Personen

Blätterteig
x 1

schwarze Olivenpaste
100 g

Basilikum
x 12 Blätter

- Den Blätterteig ausrollen, mit Olivenpaste bestreichen und die Basilikumblätter darauf legen.
- Eine Rolle aus dem Teig formen und in Frischhaltefolie für 1 Stunde in den Kühlschrank legen.
- Scheiben von 1 cm Dicke von der Rolle abschneiden.
- Nacheinander 10 Minuten bei 200 °C im Garbehälter garen.

Vegetarische Quesadilla

In 5 Minuten vorbereitet

8 Minuten Kochzeit

Für 4 Personen

Tortillas
x 4

rote Bohnen
aus der Dose
100 g

Avocado
x 1

Koriander
x 12 Stiele

Cheddar
100 g

grüne Bio-Zitrone
x 1

- Den Cheddar reiben. Eine Tortilla in den Garbehälter legen, ¼ des geriebenen Cheddars, rote Bohnen, Avocadoscheiben und gehackten Koriander darauf verteilen. Mit Cheddar und einer Tortilla bedecken.
- Jeweils 8 Minuten bei 200 °C im Garbehälter garen.
- Zum Servieren in Viertel schneiden und den Saft einer halben grünen Zitrone darüberpressen.

OPINEL

Pastilla mit Spinat und Feta

In 20 Minuten vorbereitet

20 Minuten Kochzeit

Für 4 Personen

Filoblätter
x 12

Feta
200 g

Spinat
1 kg

glatte Petersilie
x 1 Bund

Olivenöl
2 Esslöffel

Sesamsamen
1 Esslöffel

- Den Spinat in einem Topf 10 Minuten lang dünsten und dann gut ausdrücken, um das Wasser zu entfernen. Mit dem zerkrümelten Feta und der gehackten Petersilie vermischen.
- 6 Filoblätter versetzt anordnen, mit etwas Wasser verkleben und weitere 6 Blätter darüberlegen.
- Die Zubereitung in die Mitte setzen und eine Rolle formen. Eine Schnecke formen, mit Öl bepinseln, mit Sesam bestreuen und im Garbehälter bei 180 °C 10 Minuten garen.

Tarte mit Birne und Ziegenkäse

In 10 Minuten vorbereitet

15 Minuten Kochzeit

Für 4 Personen

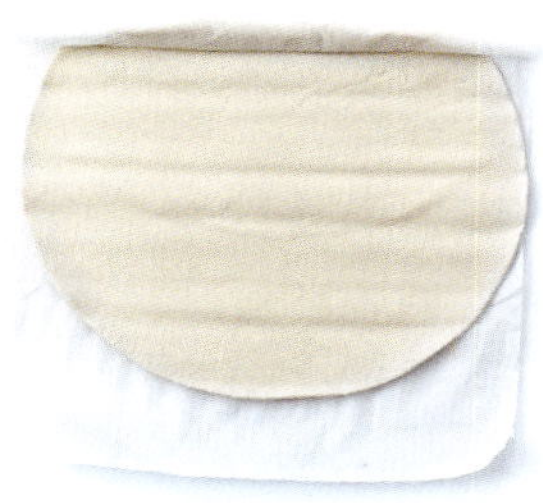

Mürbteig
x 1

Birne
x 1

In Asche gereifter
Ziegenkäse
100 g

Walnusskerne
20 g

Eier
x 3

Schlagsahne
20 cl

- Den Mürbeteig in einer Tarteform mit einem Durchmesser von 20 cm ausrollen. 5 Minuten lang bei 180 °C im Garbehälter vorgaren.
- Die Schlagsahne und die Eier in einer Schale vermischen. Die Mischung auf den Teig gießen, den geschnittenen Käse, die Birnenscheiben und die Walnusskerne darauflegen.
- 10 Minuten bei 180 °C garen.

Blätterteig mit Ei und Spinat

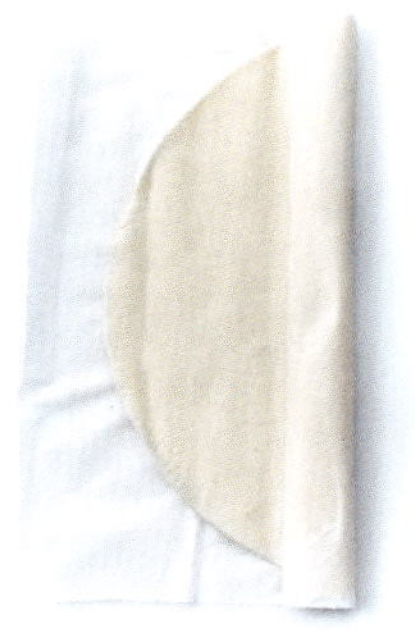

Blätterteig
x 1

Eier
x 4

geriebener Emmentaler
80 g

Spinat (junge Blätter)
30 g

In 5 Minuten vorbereitet

20 Minuten Kochzeit

Für 4 Personen

- Den Teig ausrollen und in 4 Quadrate mit je 10 x 10 cm schneiden.
- Die Quadrate paarweise im Garbehälter bei 140 °C 10 Minuten garen, bis sie gut aufgegangen sind.
- Eiweiß und Eigelb trennen.
- Mit einem Löffel vorsichtig die Mitte der Teigquadrate aufreißen, die jungen Spinatblätter, den geriebenen Käse und das Eigelb hineinlegen. 10 Minuten garen.

Tarte mit Kirschtomaten und Feta

 **In 10 Minuten vorbereitet**

 **18 Minuten Kochzeit**

 **Für 4 Personen**

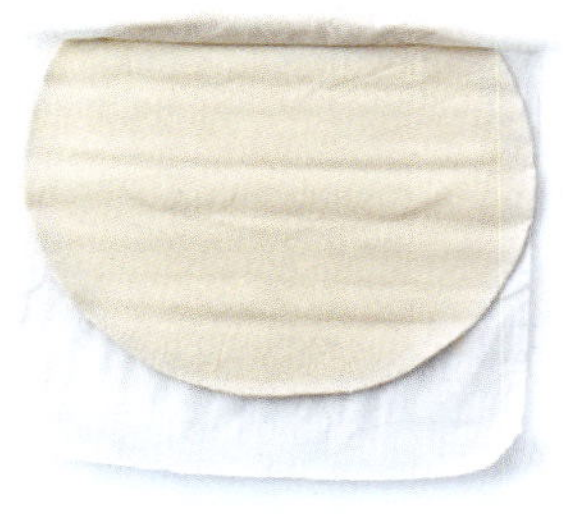

Mürbteig
x 1

Kirschtomaten
x 30

Feta
150 g

grobkörniger Senf
1 Esslöffel

Olivenöl
1 Teelöffel

Basilikum
x 12 Stiele

- Die Tomaten mit Öl bepinseln und im Garbehälter bei 180 °C 10 Minuten garen. Kaltstellen.
- Den Teig in einer Tarteform mit einem Durchmesser von 20 cm ausrollen. 5 Minuten bei 180 °C im Garbehälter vorgaren.
- Den Senf auf den Teig streichen, die Hälfte des Fetas zerkrümeln, die Tomaten darauf verteilen und im Garbehälter 8 Minuten bei 180 °C garen.
- Mit dem restlichen zerkrümelten Feta und dem Basilikum servieren.

Gegrillter Käse

 **In 5 Minuten vorbereitet**

 **8 Minuten Kochzeit**

 **Für 4 Personen**

Roggenbrot
x 6 Scheiben

Gouda
x 8 Scheiben

Pesto
100 g

Spinatblätter
50 g

Olivenöl
2 Esslöffel

- ○ 4 Scheiben Brot mit Pesto bestreichen, dann den Gouda darauf verteilen. Die Spinatblätter hinzugeben.
- ○ Mit einer Scheibe Brot abdecken, erneut belegen und mit einer letzten Scheibe Brot abschließen.
- ○ Die Oberseite des Brotes mit dem Olivenöl bestreichen.
- ○ 8 Minuten bei 180 °C im Garbehälter garen. Zum Servieren halbieren.

OPINEL
INOX

Frittata mit Zucchini und Feta

Eier
x 6

Zucchini
x 2

Feta
80 g, zerkrümelt

Milch
3 Esslöffel

Petersilie
x 12 Stiele

Zwiebel
x 1

In 10 Minuten vorbereitet

20 Minuten Kochzeit

Für 4 Personen

- Die klein geschnittene Zwiebel und die Zucchiniwürfel 5 Minuten im Garbehälter bei 180 °C garen.
- Die Eier, den Feta, die Hälfte der gehackten Petersilie und die Milch in einer Schale vermischen.
- Die Mischung in den Garbehälter mit dem Gemüse gießen. Weitere 15 Minuten garen.
- Mit der restlichen Petersilie garen.

Panierte Avocados

In 5 Minuten vorbereitet

7 Minuten Kochzeit

Für 4 Personen

Avocados
x 2

grüne Bio-Zitrone
x ½

Panko-Paniermehl
90 g

Mehl
40 g

Ei
x 1

Koriander
x 12 Stiele

- Die Avocados schälen, die Kerne entfernen und in Scheiben mit 1 cm Dicke schneiden.
- Das Mehl in eine Schüssel geben, das Ei in einer anderen Schale aufschlagen und das Panko und die Limettenschale in einem tiefen Teller vermischen.
- Die Avocadoscheiben im Mehl wenden, anschließend im Ei und im Panko. Wiederholen.
- Bei 200 °C 7 Minuten im Garbehälter garen, nach der Hälfte der Zeit wenden. Die Zitrone über den Avocadoscheiben ausdrücken und diese mit gehacktem Koriander bestreuen.

Panierter Blumenkohl

In 5 Minuten vorbereitet

13 Minuten Kochzeit

Für 4 Personen

Blumenkohl
x 1

Bio-Zitrone
x 1

Tahini
2 Esslöffel

Panko-Paniermehl
3 Esslöffel

Sesamsamen
2 Teelöffel

Naturjoghurt
x 1

- Die Blumenkohlröschen klein schneiden.
- Das Tahini und den Zitronensaft in einer Schale mischen. Das Panko und den Sesam in einen tiefen Teller geben.
- Den Blumenkohl in der Tahini-Mischung und dann im Panko wenden.
- 13 Minuten lang bei 180 °C im Garbehälter garen. Mit dem Joghurt servieren.

Gebratene Karöttchen

In 5 Minuten vorbereitet

12 Minuten Kochzeit

Für 4 Personen

neue Karotten
x 12

Ahornsirup
60 ml

grobkörniger Senf
2 Esslöffel

Petersilie
x 12 Stiele

- Die Karotten der Länge nach schneiden.
- Mit Ahornsirup und grobkörnigem Senf bepinseln.
- 12 Minuten lang bei 180 °C im Garbehälter garen.
- Mit gehackter Petersilie servieren.

28

Gebratene Auberginen mit Joghurt

In 5 Minuten vorbereitet

15 Minuten Kochzeit

Für 4 Personen

Auberginen
x 2

Olivenöl
3 Esslöffel

Zatar
2 Teelöffel

Knoblauchzehe
x 1

gerührter Joghurt
x 1

Koriander
x 12 Stiele

- Die Aubergine der Länge nach halbieren. Den Knoblauch schälen und pressen.
- Das Olivenöl und den Knoblauch mischen, dann das Fleisch der Auberginen damit bestreichen und mit Zatar bestreuen.
- 15 Minuten lang bei 200 °C im Garbehälter garen.
- Mit einem Esslöffel Joghurt, gehacktem Koriander und einer Prise Zatar servieren.

Babaganoush

In 5 Minuten vorbereitet

25 Minuten Kochzeit

Für 4 Personen

Auberginen
x 2

Knoblauchzehen
x 2

Joghurt
x 1

Tahini
2 Esslöffel

Bio-Zitrone
x ½

Petersilie
x 12 Stiele

- Die Auberginen halbieren und nacheinander 25 Minuten bei 200 °C im Garbehälter garen.
- Den gepressten Knoblauch, das Tahini und den Zitronensaft vermischen.
- Das Fruchtfleisch der Auberginen herausnehmen und mit der Zubereitung vermischen, dabei den Joghurt hinzufügen.
- Mit der gehackten Petersilie servieren.

Süßkartoffeln mit Honig

In 5 Minuten vorbereitet

30 Minuten Kochzeit

Für 4 Personen

Süßkartoffeln
x 2

Honig
4 Teelöffel

Olivenöl
2 Teelöffel

Koriander
x 12 Stiele

grüne Bio-Zitrone
x 1

Cayennepfeffer
½ Teelöffel

- Die Süßkartoffeln der Länge nach halbieren und das Fleisch mit einem Messer quadratisch einschneiden.
- Den Honig, das Olivenöl, den Limettensaft und den Chili verrühren und jede Süßkartoffel damit bestreichen.
- 30 Minuten bei 200 °C im Garbehälter garen.
- Mit dem gehackten Koriander servieren.

31

Crumble mit Kürbis und Ziegenkäse

In 5 Minuten vorbereitet

26 Minuten Kochzeit

Für 4 Personen

Butternutkürbis
x 1

Ziegenkäserolle
150 g

Butter
70 g

Parmesan
70 g

Mehl
70 g

Olivenöl
1 Esslöffel

- Den Kürbis schälen, in Würfel schneiden und mit dem Olivenöl vermischen. 16 Minuten bei 200 °C im Garbehälter garen.
- Das Crumble zubereiten. Dazu die in Stücke geschnittene Butter, den Parmesan und das Mehl mit den Fingern vermengen.
- Auf einer Platte den Kürbis und den Ziegenkäse in Stücken anrichten und mit dem Crumble bedecken.
- 10 Minuten bei 180 °C im Garbehälter garen.

Gegrillte Maiskolben

In 5 Minuten vorbereitet

12 Minuten Kochzeit

Für 4 Personen

Maiskolben
x 4

Olivenöl
2 Teelöffel

Paprika
2 Teelöffel

grüne Bio-Zitrone
x 1

Koriander
x 20 Stiele

Feta
130 g

- ○ Das Olivenöl mit dem Paprika vermischen und die Maiskolben damit einpinseln.
- ○ Bei 180 °C 12 Minuten im Garbehälter garen, nach der Hälfte der Zeit wenden.
- ○ Die noch warmen Maiskolben in zerkrümeltem Feta wälzen und mit gehacktem Koriander und Limettensaft servieren.

Kleines gefülltes Gemüse

In 5 Minuten vorbereitet

15 Minuten Kochzeit

Für 4 Personen

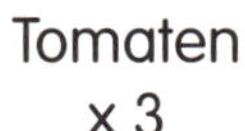

Tomaten
x 3

runde Zucchini
x 3

Zwiebel
x 1

Rinderhack
200 g

Basilikum
x 1 Bund

Kräuter der Provence
2 Teelöffel

- Tomaten und Zucchini aushöhlen, das Fruchtfleisch in Würfel schneiden. Die Zwiebel schälen und das Basilikum hacken.
- Das Gemüsefruchtfleisch, das Fleisch, die Zwiebel, das Basilikum und die Kräuter der Provence miteinander vermischen.
- Das Gemüse mit der Farce füllen und im Garbehälter bei 180 °C 15 Minuten garen.

Kleines Gratin

 **In 10 Minuten vorbereitet**

 **20 Minuten Kochzeit**

 **Für 4 Personen**

Kartoffeln Typ Charlotte
600 g

Butter
30 g

halbfette Milch
10 cl

geriebene Muskatnuss
½ Teelöffel

Sahne
20 cl

Knoblauchzehe
x 1

- ○ Die Milch und die Muskatnuss in einem Topf leicht erwärmen. Nach dem Abkühlen die Sahne hinzufügen.
- ○ Die Kartoffeln schälen und in dünne Scheiben schneiden.
- ○ Den Knoblauch schälen, vier Auflaufformen damit einreiben und diese anschließend mit Butter einfetten. Die Kartoffeln hinzugeben und die kalte Sahne darübergießen.
- ○ Die Auflaufformen 20 Minuten lang bei 180 °C in den Garbehälter geben.

Blumenkohlsteaks

In 5 Minuten vorbereitet

12 Minuten Kochzeit

Für 4 Personen

Blumenkohl
x 1

Olivenöl
60 ml

grüne Oliven
60 g

Kapern
1 Teelöffel

Petersilie
ein paar Stiele

- ○ Den Blumenkohl in 2 cm dicke Scheiben schneiden.
- ○ Mit etwas Olivenöl bestreichen und bei 180 °C 12 Minuten garen.
- ○ In der Zwischenzeit Oliven, Kapern und Petersilie grob hacken und mit dem restlichen Olivenöl vermischen.
- ○ Die Blumenkohlscheiben mit dem Gewürz servieren.

Rinderbraten mit Kräutern

Rinderbraten
500 g

zerlassene Butter
50 g

Petersilie
x 20 Stiele

Thymian
2 Teelöffel

Knoblauchzehen
x 2

Kartoffeln Typ La Ratte
x 10

In 5 Minuten vorbereitet

20 Minuten Kochzeit

Für 4 Personen

- Die Butter, die gehackte Petersilie, den gezupften Thymian und den gepressten Knoblauch vermischen.
- Den Braten und die Kartoffeln mit dieser Mischung bestreichen.
- Das Ganze 20 Minuten lang bei 180 °C im Garbehälter garen.

FLICK

Gebratenes Hähnchen mit Zitrone

In 5 Minuten vorbereitet

30 Minuten Kochzeit

Für 6 Personen

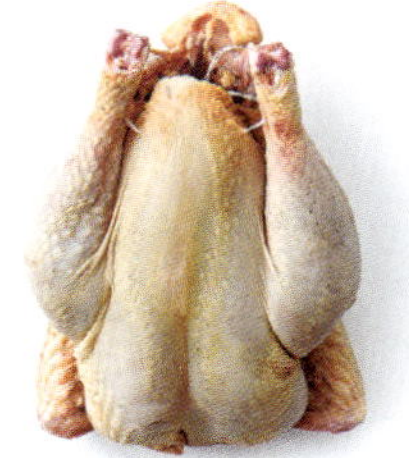

ganzes Hähnchen
× 1, 2 kg

Bio-Zitronen
× 5, klein

Rosmarin
x 5 Stiele

Knoblauchzehen
x 3

Kartoffeln Typ La Ratte
x 10

Olivenöl
2 Esslöffel

- 1 Esslöffel Öl, 1 gepresste Knoblauchzehe und den Saft von 1 Zitrone vermischen und das Hähnchen damit bestreichen. Einen Rosmarinzweig und eine halbierte Zitrone in das Hähnchen legen.
- Die Kartoffeln waschen und mit dem restlichen Öl und dem gepressten Knoblauch vermischen.
- Das Hähnchen, die Kartoffeln und die halbierten Zitronen im Garbehälter bei 180 °C 30 Minuten garen.

Spießchen mit Schwein und Aprikose

In 40 Minuten vorbereitet

30 Minuten Ruhezeit
13 Minuten Kochzeit

Für 4 Personen

Schweinefilet
800 g

frische Aprikosen
x 8

Zitrone
x 1

Honig
3 Esslöffel

Rosmarin
x 4 Stiele

Olivenöl
3 Esslöffel

- Das Filet in Stücke von 3 cm schneiden. Die Aprikosen halbieren und eine halbe Zitrone in Scheiben schneiden.
- Das Olivenöl, den Honig, den Rosmarin und den Saft einer halben Zitrone vermischen. Das Fleisch 30 Minuten lang marinieren.
- Abwechselnd Filetstücke, Aprikosen und Zitronenscheiben auf kleine Spieße stecken.
- 13 Minuten lang bei 170 °C im Garbehälter garen.

Teriyaki-Bällchen

In 10 Minuten vorbereitet

7 Minuten Kochzeit

Für 4 Personen

Hähnchenfilets
x 2

Frühlingszwiebeln
x 2

Paniermehl
50 g

Ei
x 1

Teriyaki-Sauce
8 Esslöffel

Sesamsamen
3 Teelöffel

- Das Hähnchen mixen. In einer Schüssel das Hähnchen, die gehackte Frühlingszwiebel, das Paniermehl, das aufgeschlagene Ei und 2 Teelöffel Sesam vermischen.
- Bällchen mit einem Durchmesser von 3 cm formen und jeweils drei auf kleine Spieße stecken.
- 7 Minuten bei 180 °C im Garbehälter garen, nach der Hälfte der Zeit mit Teriyaki-Sauce bestreichen und wenden.
- Mit Sesamkörnern bestreuen und servieren.

Indische Bällchen

In 10 Minuten vorbereitet

8 Minuten Kochzeit

Für 4 Personen

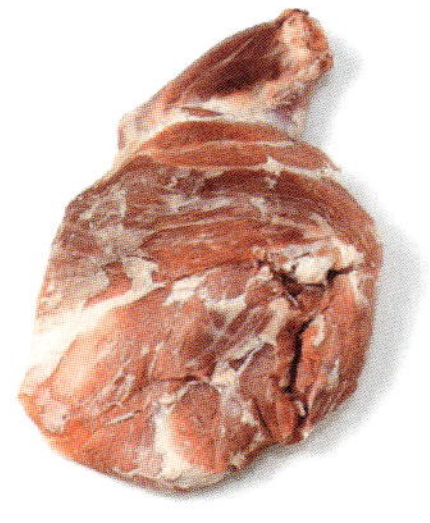

Lammschulter
300 g

Tandoori-Mischung
2 Teelöffel

Ei
x 1

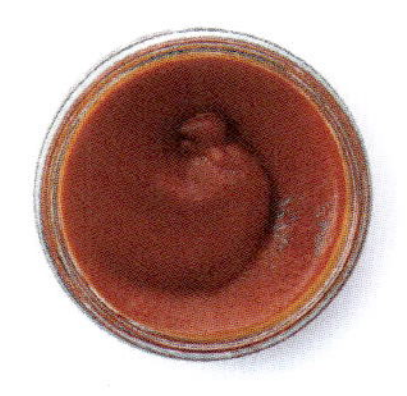

Tomatensauce
200 g

rote Zwiebel
x 1

Koriander
x 1 Bund

- Das Lamm, die rote Zwiebel und einen halben Bund Koriander mixen.
- In einer Schüssel das Lammfleisch, das aufgeschlagene Ei und die Gewürze vermischen.
- Bällchen mit 4 cm Durchmesser formen und im Garbehälter bei 180 °C 4 Minuten garen.
- Die Bällchen wenden und mit der Tomatensoße übergießen, 4 Minuten lang weitergaren. Mit dem restlichen Koriander servieren.

Köfte

In 5 Minuten vorbereitet

20 Minuten Ruhezeit
8 Minuten Kochzeit

Für 4 Personen

Lammschulter
500 g

Ras el Hanout
2 Teelöffel

Petersilie
x 1 Bund

Minze
x 20 Blätter

Knoblauchzehen
x 2

Ei
x 1

- Alle Zutaten zusammen mixen. Würzen.
- Bällchen mit ca. 5 cm Durchmesser formen und leicht zu Fladen drücken.
- 20 Minuten kaltstellen.
- Bei 200 °C 8 Minuten im Garbehälter garen, nach der Hälfte der Zeit wenden.

Cordons-bleus mit Kräutern

Hähnchenfilets
x 4

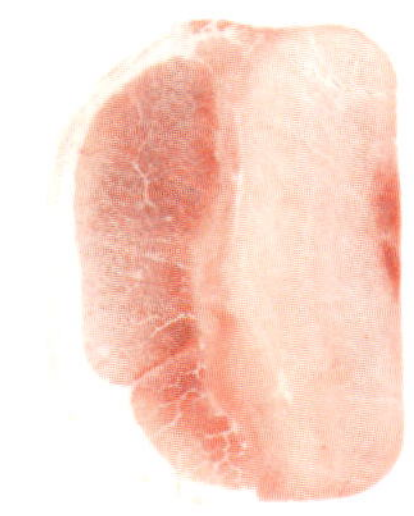

Kochschinken
x 2 Scheiben

geriebener Greyerzer
110 g

Basilikum
x 1 Bund

Eier
x 2

Panko-Paniermehl
100 g

In 10 Minuten vorbereitet

14 Minuten Kochzeit

Für 4 Personen

- ○ Das Basilikum schneiden und mit dem Greyerzer mischen.
- ○ Der Länge nach Taschen in die Filets schneiden, eine halbe Scheibe Schinken und Käse hineingeben.
- ○ Die Filets verschließen, dann in den aufgeschlagenen Eiern und im Panko wenden.
- ○ Das Hähnchen mit Zahnstochern fest verschließen und 14 Minuten bei 180 °C im Garbehälter garen.

Eier im Topf mit Roquefort

In 10 Minuten vorbereitet

8 Minuten Kochzeit

Für 4 Personen

Eier
x 4

Roquefort
60 g

Walnusskerne
× 16, zerstoßen

Sahne
8 Esslöffel

Schnittlauch
x 12 Stiele

Butter
× 1 Flocke

- 4 Auflaufformen mit Butter ausstreichen.
- In jede Auflaufform 2 Esslöffel Sahne, 20 g Roquefort, 4 gehackte Walnusskerne und ein Ei geben.
- Die Auflaufformen 8 Minuten lang bei 200 °C in den Garbehälter geben.
- Mit gehacktem Schnittlauch servieren.

Fish & Chips

In 10 Minuten vorbereitet

8 Minuten Kochzeit

Für 4 Personen

Lachsfilets
x 4

Maisflocken
30 g

Mandelblättchen
20 g

Dijon-Senf
40 g

Honig
2 Esslöffel

Pommes frites mit Kräutern
400 g, gekocht

- ○ Die Maisflocken und die Mandeln grob hacken. Vermischen. In einer anderen Schale den Senf und den Honig vermischen.
- ○ Die Fischfilets mit der Honigmischung einpinseln und dann in der Panade wenden.
- ○ Bei 200 °C 8 Minuten im Garbehälter garen, nach der Hälfte der Zeit wenden.
- ○ Mit den Pommes frites mit Kräutern servieren.

Tacos mit Fisch

Maistortillas
x 4

Kabeljaufilets
x 2

Rotkohl
x ½

Avocados
x 2

Grillgewürz
1 Teelöffel

Speiseöl
1 Esslöffel

In 10 Minuten vorbereitet

5 Minuten Kochzeit

Für 4 Personen

- ○ Das Fischfilet in 4 cm große Würfel schneiden. Mit Öl einpinseln und mit Kräutern bestreuen.
- ○ Den Rotkohl fein schneiden, die Avocado mit einer Gabel grob zerdrücken.
- ○ Den Fisch 5 Minuten lang bei 180 °C im Garbehälter garen.
- ○ In Jede Tortilla einen Esslöffel Avocado, den Rotkohl und dann den Fisch geben und sofort servieren.

46

Toskana-Lachs

In 10 Minuten vorbereitet

17 Minuten Kochzeit

Für 4 Personen

Lachsfilets
x 4

getrocknete Tomaten
150 g

Spinatblätter
90 g

Sahne
20 cl

Knoblauchzehen
x 2

Parmesan
30 g

- Die Lachsfilets 9 Minuten lang bei 180 °C im Garbehälter garen. Beiseite stellen.
- Den Knoblauch schälen und pressen. Im Garbehälter den Knoblauch und die getrockneten Tomaten, dann die Sahne hinzufügen, 4 Minuten garen.
- Die Spinatblätter und dann den Parmesan hinzugeben. Vermischen und weitere 4 Minuten garen.
- Den Lachs auf der Sauce servieren, beispielsweise mit Reis.

Seeteufel-Päckchen mit Zitrusfrüchten

In 10 Minuten vorbereitet

10 Minuten Kochzeit

Für 4 Personen

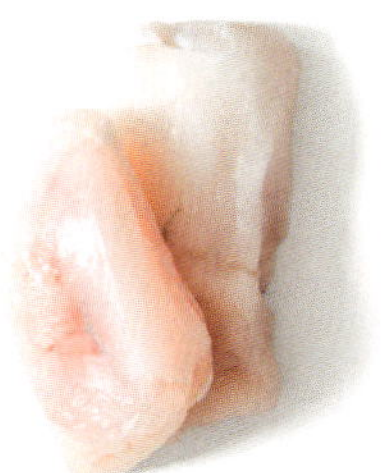

Seeteufel
800 g

Orangen
x 2

Grapefruit
x 1

Schalotte
x 1

Bio-Zitrone
x 1

Olivenöl
x 4 Spritzer

- Den Seeteufel in vier Stücke schneiden. Auf 4 Blätter Backpapier legen.
- Filets aus den Orangen und der Grapefruit schneiden. Die Schalotte fein schneiden. Um den Seeteufel herum verteilen.
- Einen Spritzer Olivenöl auf den Fisch geben und dann Zesten von der Zitrone darauf verteilen.
- Die Päckchen verschließen und 10 Minuten bei 180 °C im Garbehälter garen.

Thai-Garnelen

In 10 Minuten vorbereitet

1 Stunde Ruhezeit
5 Minuten Kochzeit

Für 4 Personen

Garnelen
x 20

Honig
2 Teelöffel

Koriander
x 1 Bund

Kokosmilch
20 cl

Spinatblätter
4 Hand voll

Nuoc-Mâm
2 Teelöffel

- Die Garnelen 1 Stunde in Honig und Nuoc-Mâm-Sauce marinieren.
- Die Garnelen 2 Minuten bei 200 °C im Garbehälter garen.
- Die Kokosmilch angießen und die Spinatblätter hinzufügen, weitere 3 Minuten kochen.
- Mit Koriander bestreut servieren, beispielsweise zu Nudeln.

Gambas mit Fenchel und Kokos

rohe Gambas
500 g

Fenchel
× 1 Knolle

Kokosmilch
20 cl

Knoblauchzehen
x 2

glatte Petersilie
x 12 Stiele

Kirschtomaten
x 20

In 10 Minuten vorbereitet

8 Minuten Kochzeit

Für 4 Personen

- ○ Den Fenchel klein schneiden und die Gambas schälen.
- ○ Den Fenchel, den gepressten Knoblauch und die Gambas im Garbehälter bei 180 °C 5 Minuten garen.
- ○ Die Kokosmilch und die halbierten Kirschtomaten hinzugeben und weitere 3 Minuten köcheln lassen.
- ○ Mit Petersilie bestreut servieren, beispielsweise zu Nudeln.

Miesmuscheln in Sahnesauce

In 10 Minuten vorbereitet

10 Minuten Kochzeit

Für 4 Personen

Miesmuscheln
2 kg

trockener Weißwein
40 cl

Sahne
20 cl

Butter
30 g

Schalotten
x 5

Petersilie
x 1 Bund

- ○ Die Miesmuscheln gründlich reinigen.
- ○ Die Petersilie und die Schalotten fein schneiden.
- ○ Im Garbehälter die Butter bei 200 °C schmelzen und die Schalotten 3 Minuten lang anschwitzen.
- ○ Die Miesmuscheln, den Weißwein, die Sahne und die gehackte Petersilie hinzugeben, 7 Minuten garen, nach der Hälfte der Zeit umrühren.

Indisches Hähnchen

In 10 Minuten vorbereitet

1 Stunde Ruhezeit
15 Minuten Kochzeit

Für 4 Personen

Hähnchenfilets
x 4

Currypulver
2 Esslöffel

Frühlingszwiebeln
x 1 Bund

Kokosmilch
20 cl

Koriander
x 1 kleiner Bund

Mandelblättchen
2 Esslöffel

- Das Hähnchen in Stücke von etwa 3 cm schneiden. Die Kokosmilch in eine Schüssel geben, den Curry hinzugeben und das Hähnchen darin einlegen. 1 Stunde marinieren lassen.
- Die Frühlingszwiebeln fein schneiden.
- Die Zwiebeln und das abgetropfte Hähnchen in den Garbehälter geben. 10 Minuten bei 180 °C garen. 5 Minuten vor Ende der Garzeit die Curry-Kokosmilch dazugeben.
- Mit Mandelblättchen und fein geschnittenem Koriander bestreuen. Kann beispielsweise mit Reis serviert werden.

Hähnchenschenkel mit Zitrone

 **In 5 Minuten vorbereitet**

 **30 Minuten Ruhezeit**
15 Minuten Kochzeit

 **Für 4 Personen**

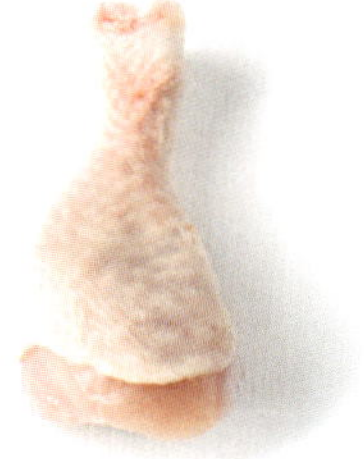

Hähnchenschenkel
x 12

Bio-Zitronen
x 2

Oregano
1 Esslöffel

Knoblauchzehen
x 2

Dijon-Senf
2 Esslöffel

Zucker
1 Esslöffel

- ○ Alle Zutaten für die Marinade verrühren, die Hähnchenschenkel einlegen und 30 Minuten an einem kühlen Ort ziehen lassen.
- ○ Das Ganze 15 Minuten bei 190 °C im Garbehälter garen. Alle 5 Minuten umrühren.
- ○ Kann mit Grieß serviert werden.

Risotto mit Erbsen und Basilikum

In 10 Minuten vorbereitet

30 Minuten Kochzeit

Für 4 Personen

Risottoreis
300 g

Gemüsebrühe
1 Liter

Parmesan
50 g

trockener Weißwein
× 1 Glas

Erbsen
150 g

Basilikum
× 1 kleiner Bund

- Den Reis in den 190 °C heißen Garbehälter geben, den Weißwein angießen, dann die Brühe hinzufügen und 30 Minuten unter regelmäßigem Rühren garen.
- Die Erbsen und die Hälfte des gehackten Basilikums 5 Minuten vor Ende der Garzeit hinzugeben.
- Kurz vor dem Servieren umrühren, den geriebenen Parmesan dazugeben und mit gehacktem Basilikum bestreuen.

Linsen-Dhal

In 5 Minuten vorbereitet

35 Minuten Kochzeit

Für 4 Personen

Korallenlinsen
300 g

Kokosmilch
400 ml

Curry
1 Teelöffel

Koriander
x 1 Bund

gelbe Zwiebel
x 1

- Die Zwiebel klein schneiden und mit einem Schuss Öl und dem Curry bei 190 °C 3 Minuten im Garbehälter garen.
- Die Linsen hinzugeben und weitere 2 Minuten garen.
- Die Kokosmilch hinzugeben und 30 Minuten garen. Alle 5 Minuten umrühren, gegebenenfalls Wasser hinzugeben.
- Den fein geschnittenen Koriander 5 Minuten vor Ende der Garzeit hinzugeben. Mit grob gehacktem frischem Koriander servieren.

Chili con Carne

In 10 Minuten vorbereitet

20 Minuten Kochzeit

Für 4 Personen

Rinderhack
500 g

rote Bohnen
aus der Dose
400 g

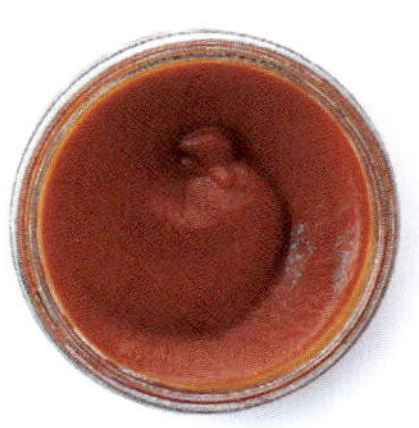

Tomatensauce
400 g

rote Paprika
x 1

rote Zwiebel
x 1

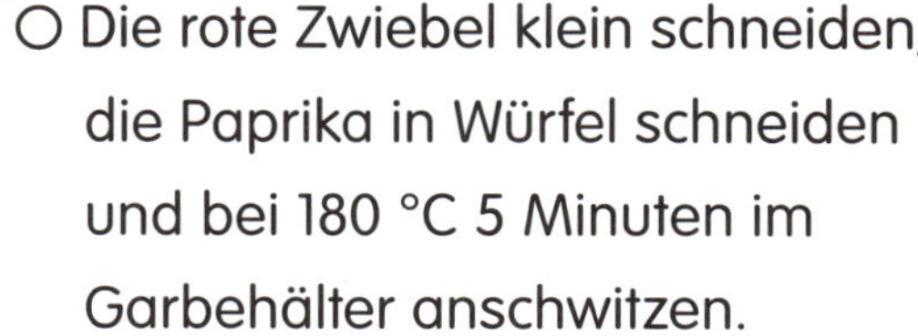

- ○ Die rote Zwiebel klein schneiden, die Paprika in Würfel schneiden und bei 180 °C 5 Minuten im Garbehälter anschwitzen.
- ○ Das Fleisch hinzugeben und weitere 5 Minuten garen. Die Tomatensauce hinzugeben und 5 Minuten köcheln lassen.
- ○ Die roten Bohnen hinzugeben und 5 Minuten köcheln lassen.
- ○ Kann beispielsweise mit Reis serviert werden.

Italienischer Kalbsbraten

 **In 10 Minuten vorbereitet**

 **38 Minuten Kochzeit**

 **Für 4 Personen**

Lammlende
800 g

Kartoffeln
400 g

Tomaten aus der Dose
300 g

gelbe Zwiebel
x 1

Salbei
x 2 Stiele

Olivenöl
1 Esslöffel

- Das Fleisch in 4 cm große Würfel schneiden. Olivenöl in den 180 °C heißen Garbehälter geben, das Fleisch 3 Minuten anbraten. Beiseite stellen.
- Die fein geschnittene Zwiebel 5 Minuten anschwitzen. Die Salbeiblätter und die Tomatensauce hinzugeben.
- Die Kartoffeln waschen, schälen und in große Stücke schneiden. Zusammen mit der Sauce in den Garbehälter geben und 20 Minuten köcheln lassen. Das Fleisch hinzugeben und weitere 10 Minuten garen.

Donuts

In 20 Minuten vorbereitet

3 Stunden Ruhezeit
4 Minuten Kochzeit

Für 8 Stück

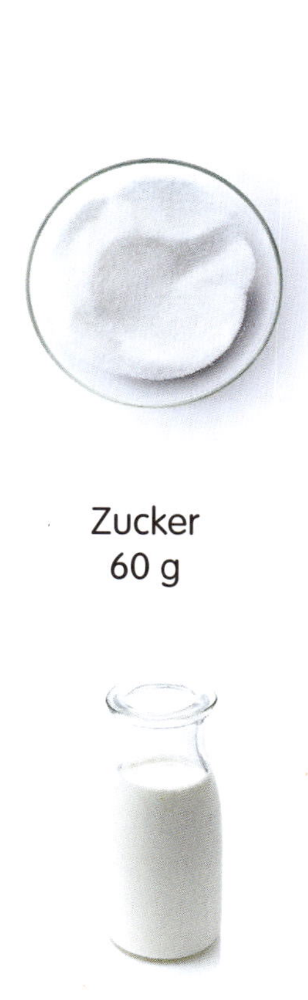

Zucker
60 g

Mehl
260 g

Vollmilch
65 ml

Ei
x 1

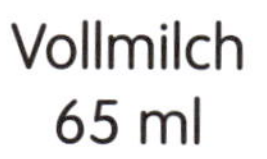

zerlassene Butter
10 g

frische Backhefe
10 g

- In einem Topf die Milch lauwarm werden lassen, die Hefe darin auflösen und ruhen lassen.
- Das Mehl, 50 g Zucker, dann die Eier und die Butter vermischen. Zum Schluss die Milch hinzugeben. 10 Minuten kneten.
- Den Teig 1,5 Stunden abgedeckt ruhen lassen, dann durchkneten. 1 Stunde kühlstellen. Den Teig ausrollen, 8 Donuts mit einem Durchmesser von ca. 7 cm abtrennen und in der Mitte ein 3 cm großes Loch ausstechen. 30 Minuten ruhen lassen. Mit Zucker bestreuen.
- 4 Minuten bei 180 °C garen.

Granola mit Äpfeln

Haferflocken
200 g

Apfelchips
30 g

Ahornsirup
100 g

Kokosöl
1 Esslöffel

Haselnüsse
40 g

Sonnenblumenkerne
50 g

In 5 Minuten vorbereitet

8 Minuten Kochzeit

Für 4 Personen

- In einer Schüssel alle Zutaten bis auf die Apfelchips mischen.
- Bei 180 °C 8 Minuten im Garbehälter garen, nach der Hälfte der Zeit umrühren.
- Die Apfelchips hinzugeben. In einem luftdicht verschlossenen Behälter 2 Wochen haltbar.
- Kann mit Joghurt oder Milch serviert werden.

Arme-Ritter-Sticks

In 10 Minuten vorbereitet

6 Minuten Kochzeit

Für 4 Personen

Toastbrot
x 6 Scheiben

Eier
x 3

Vollmilch
4 Esslöffel

Zimt
3 Teelöffel

Zucker
50 g

- ○ Das Toastbrot in 3 cm breite Streifen schneiden.
- ○ Alle Zutaten außer dem Brot in einer Schüssel vermischen.
- ○ Die Brotstreifen in der Zubereitung tränken.
- ○ Bei 180 °C 6 Minuten im Garbehälter garen, nach der Hälfte der Zeit wenden.

Gebratene Ananas und Spekulatius

In 10 Minuten vorbereitet

8 Minuten Kochzeit

Für 4 Personen

frische Ananas
x 8 Scheiben

Butter
50 g

Mehl
50 g

Rohrzucker
50 g

Spekulatius
50 g

Salz
1 Prise

- Die Spekulatius zerkrümeln und die Butter in Stücke schneiden.
- Alle Zutaten in einer Schüssel vermischen und den Crumble herstellen.
- Die Ananasscheiben in den Garbehälter geben und mit dem Crumble bedecken.
- 8 Minuten bei 200 °C garen, nach dem Garen mit Butter bestreichen.

Apfel-Chips

In 5 Minuten vorbereitet

13 Minuten Kochzeit

Für 4 Personen

Äpfel
x 3

Zimt
2 Teelöffel

Salz
1 Prise

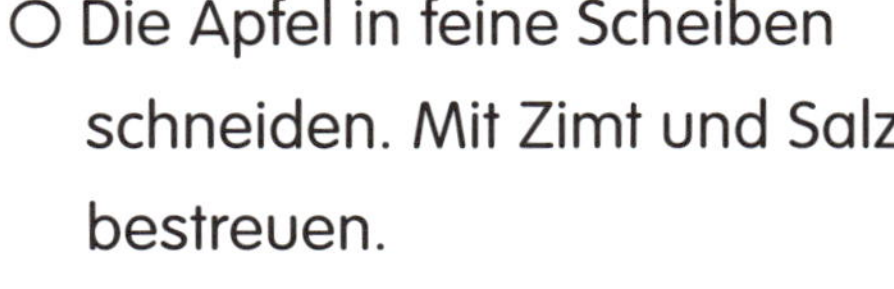

- Die Äpfel in feine Scheiben schneiden. Mit Zimt und Salz bestreuen.
- Bei 140 °C 13 Minuten im Garbehälter garen, nach der Hälfte der Zeit umrühren.
- Kann mit der Granola gemischt werden.

Himbeer-Muffins

 **In 10 Minuten vorbereitet**

 **15 Minuten Kochzeit**

 **Für 4 Personen**

Butter
60 g

Eier
x 2

Mehl mit Backpulver
200 g

Rohrzucker
100 g

Himbeeren
250 g

halbfette Milch
12 cl

- Die Eier und den braunen Zucker aufschlagen, bis die Mischung cremig ist.
- 50 g Butter schmelzen und mit den Eiern verrühren. Milch hinzufügen, dann das Mehl einrieseln lassen und die ganzen Himbeeren hinzufügen.
- Den Teig in die gebutterten Formen verteilen.
- 15 Minuten lang bei 160 °C im Garbehälter garen.

Clafoutis mit Feige und Mandeln

In 10 Minuten vorbereitet

25 Minuten Kochzeit

Für 4 Personen

Feigen
100 g

Ei
x 1

Mehl
50 g

Mandelblättchen
1 Hand voll

Crème Fraîche, 30 %
Fettanteil
12,5 cl

Zucker
2 Esslöffel

- Das Mehl, den Zucker, das Ei, die Mandeln und die Crème Fraîche vermischen.
- Die Feigen in eine Form legen und dann die Zubereitung darauf verteilen.
- Die Form 18 Minuten bei 180 °C in den Garbehälter geben.

Bratäpfel

In 10 Minuten vorbereitet

15 Minuten Kochzeit

Für 4 Personen

Äpfel
x 4

flüssiger Honig
3 Esslöffel

Bio-Zitrone
x 1

Walnüsse
50 g, zerstoßen

Rosinen
60 g

Zimt
1 Teelöffel

- Zesten von der Zitrone reißen, Äpfel entkernen.
- In einer Schüssel Honig, gehackte Walnüsse, Zesten, Zimt und Rosinen vermischen.
- Die Zubereitung in die Äpfel gießen.
- Die Äpfel in den Garbehälter legen und bei 180 °C 15 Minuten backen.

Kuchen mit zweierlei Schokolade

In 15 Minuten vorbereitet

19 Minuten Kochzeit

Für 4 Personen

Butter
110 g

Zucker
50 g

Eier
x 2

Mehl mit Backpulver
100 g

dunkle Schokolade
50 g

weiße Schokolade
50 g

- Die Eier, 100 g weiche Butter und den Zucker verrühren. Das Mehl hinzugeben.
- Die Schokoladen separat schmelzen.
- Den Teig in zwei Hälften teilen und jeweils weiße und dunkle Schokolade in den Teig gießen
- Abwechselnd Teig in den zwei verschiedenen Farben in eine gefettete Backform geben. Den Kuchen 19 Minuten lang bei 180 °C im Garbehälter garen.

Bananen mit Schokosauce

In 5 Minuten vorbereitet

6 Minuten Kochzeit

Für 4 Personen

Bananen
x 4

Vollmilchschokolade
50 g

weiße Schokolade
50 g

dunkle Schokolade
50 g

Krokant
20 g

Salz
2 Prisen

- ○ Die Bananen der Länge nach halbieren.
- ○ Die Bananen in den Garbehälter geben. Die gehackte Schokolade, den Krokant und das Salz auf den Bananen verteilen.
- ○ 6 Minuten bei 200 °C garen.

Karottenkuchen mit Körnern

 **In 15 Minuten vorbereitet**

 **12 Minuten Kochzeit**

 **Für 4 Personen**

Karotten
150 g

Eier
x 3

Mehl mit Backpulver
120 g

brauner Zucker
120 g

Körnermischung
100 g

4-Gewürze-Mischung
½ Teelöffel

- ○ Die Karotten raspeln.
- ○ Alle Zutaten in einer Schüssel vermischen.
- ○ Den Teig in eine gefettete Form geben und mit den Körnern bestreuen.
- ○ Die Form 12 Minuten lang bei 180 °C in den Garbehälter geben.

Brioches

In 20 Minuten vorbereitet

3 Stunden 40 Minuten Ruhezeit
14 Minuten Kochzeit

Für 10 Stück

Mehl
500 g

Zucker
70 g

Eier
x 2

Butter
100 g

Milch
200 ml

frische Hefe
20 g

- In einem Topf die Milch lauwarm werden lassen, die Hefe darin auflösen und ein paar Minuten ruhen lassen.
- Das Mehl, den Zucker, dann die Eier und die Butter vermischen. Zum Schluss die Milch hinzugeben. 10 Minuten kneten.
- Den Teig 1,5 Stunden abgedeckt ruhen lassen, dann mit der Faust fest durchkneten. 1 Stunde kühlstellen.
- Den Teig zu 10 Kugeln formen, in den Garbehälter legen, 1 Stunde bei 40 °C ruhen lassen und dann bei 185 °C 14 Minuten garen.

OPINEL
INOX

Käsebrot

In 15 Minuten vorbereitet

30 Minuten Ruhezeit
17 Minuten Kochzeit

Für 1 Stück

Vollkornmehl
100 g

Mehl
100 g

Backhefe
× ½ Tüte

Comté
70 g, gerieben

Wasser
70 g

Salz
1 Prise

- Die beiden Mehlsorten, die Hefe und das Salz in einer Schale vermischen. Das Wasser und dann den Käse hinzugeben. Kneten, bis sich eine gleichmäßige Teigkugel bildet.
- Den Teig in eine Schüssel geben, abdecken und 30 Minuten ruhen lassen.
- Den Teig in den Garbehälter legen und mit Käse bestreuen. 17 Minuten bei 200 °C garen.

Was macht man womit?

Die Originalausgabe erschien 2018 unter dem Titel: *Friteuse sans huile Super Facile*

Hambakenwetering 8B
5231 DC 's-Hertogenbosch
Niederlande
www.librero-ibp.com

Produktion der deutschsprachigen Ausgabe: Tanja Timmerman vertaling & redactie
Übersetzung: Judith Muhr
Satz: -Lein | redactie & vormgeving

Printed by GPS in BiH, GRA022026

ISBN: 978-94-6359-927-6